Kristina Scharmacher-Schreiber studierte Germanistik in Münster und Bergamo, schrieb währenddessen für verschiedene Zeitungen und war dann viele Jahre für große Opernhäuser tätig. Seit 2016 ist sie freie Autorin und Übersetzerin, hat mehrere Kindersachbücher veröffentlicht und liebt die Vielfalt der Inhalte, mit denen sie sich dabei auseinandersetzen darf.

Stephanie Marian, freischaffende Illustratorin und Autorin, studierte Design mit dem Schwerpunkt Illustration an der MSD – Münster School of Design. Bereits im Studium erschienen ihre ersten Veröffentlichungen. Mittlerweile lebt und arbeitet sie wieder in der Nähe Braunschweigs. Sie hat mehrere Bilderbücher geschrieben und zeichnet für Zeitschriften und Magazine.

Dieses Buch wurde umweltfreundlich ausgestattet. Es verzichtet auf eine Folienkaschierung und wurde mit mineralölfreien Cradle-to-Cradle-zertifizierten Druckfarben auf 100%-Recyclingpapier gedruckt.

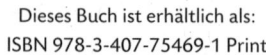

Dieses Buch ist erhältlich als:
ISBN 978-3-407-75469-1 Print

© 2019 Beltz & Gelberg
in der Verlagsgruppe Beltz · Weinheim Basel
Werderstraße 10, 69469 Weinheim
Alle Rechte vorbehalten
Illustration: Stephanie Marian
Lektorat: Matthea Dörrich
Fachliche Beratung: Dr. Dirk Barbi
Einbandgestaltung: Stephanie Marian
Herstellung: Elisabeth Werner
Druck und Bindung: Beltz Grafische Betriebe, Bad Langensalza
Printed in Germany
3 4 5   23 22 21 20 19

Weitere Informationen zu unseren Autor_innen und Titeln
finden Sie unter: www.beltz.de

Kristina Scharmacher-Schreiber
Stephanie Marian

WIE VIEL WÄRMER IST 1 GRAD?

Was beim Klimawandel passiert

BELTZ
& Gelberg

KLIMA UND WETTER SIND NICHT DAS GLEICHE.

Das Wetter ändert sich häufig.

Es kann sein, dass heute die Sonne scheint, sodass man Lust bekommt, ein Eis zu essen.

Dass es morgen regnet und man durch Pfützen springen kann.

Und dass übermorgen ein Sturm ums Haus pfeift.

Wenn das Klima sich verändert, kann man das – anders als beim Wetter – nicht immer sofort sehen. Als Klima bezeichnet man das Wetter, das an einem Ort über viele Jahre hinweg häufig herrscht.

Um das Klima zu beschreiben, geht man normalerweise von einem Zeitraum von 30 Jahren aus. Forscher sammeln Tag für Tag Informationen: Sie messen die Luft- und Wassertemperatur, die Windstärke oder Regenmenge einer bestimmten Region und schreiben alles auf. So kann man nach einer Weile sehen, ob es insgesamt zum Beispiel eher warm oder kalt, feucht oder trocken ist.

DANK DER SONNE herrscht auf der Erde ein Klima, in dem Pflanzen, Tiere und Menschen leben können. Lebewesen brauchen Luft, Wasser, Nährstoffe, Licht und Wärme. Die Entfernung zwischen den beiden Himmelskörpern ist genau richtig, damit diese Bedingungen entstehen können. Wäre die Erde zu nah an der Sonne, würde sie verbrennen. Und wäre die Erde zu weit von der Sonne entfernt, könnte hier vor Kälte niemand leben.

Die Erde wird von einer unsichtbaren Lufthülle umschlossen, die man Atmosphäre nennt.
Sie enthält Sauerstoff, den alle tierischen Lebewesen zum Atmen brauchen, und verschiedene andere Gase. Diese Gase sorgen dafür, dass ein Teil der Sonnenwärme, die auf der Erde ankommt, in der Atmosphäre gespeichert wird, wie in einem riesigen Gewächshaus. Und da man zu einem Gewächshaus auch Treibhaus sagen kann, nennt man das den Treibhauseffekt.

DAS KLIMA IST AUF DER ERDE NICHT ÜBERALL GLEICH.

Die Sonne wärmt bestimmte Gebiete mehr als andere. Deswegen gibt es verschiedene Klimazonen.

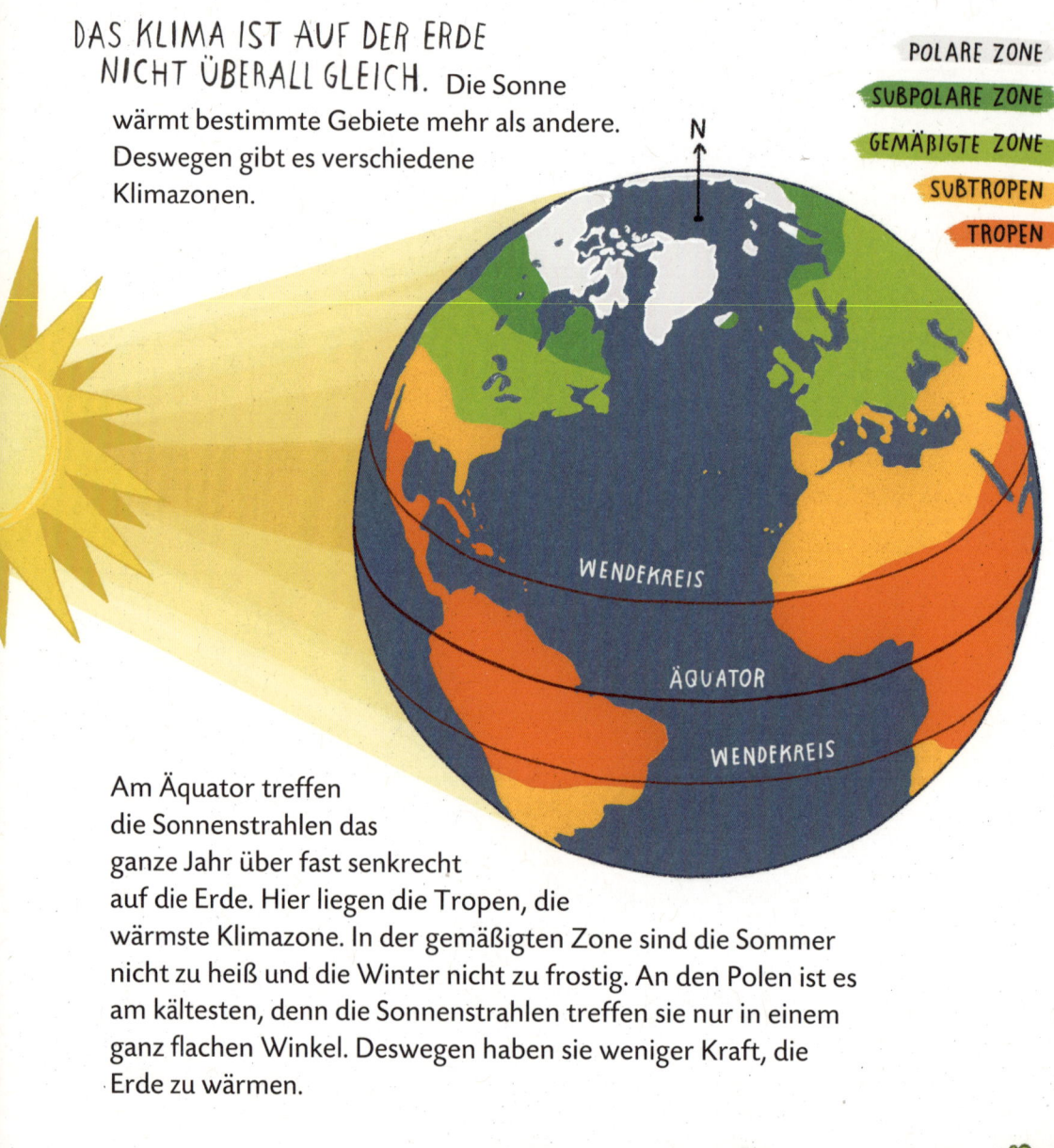

POLARE ZONE
SUBPOLARE ZONE
GEMÄẞIGTE ZONE
SUBTROPEN
TROPEN

Am Äquator treffen die Sonnenstrahlen das ganze Jahr über fast senkrecht auf die Erde. Hier liegen die Tropen, die wärmste Klimazone. In der gemäßigten Zone sind die Sommer nicht zu heiß und die Winter nicht zu frostig. An den Polen ist es am kältesten, denn die Sonnenstrahlen treffen sie nur in einem ganz flachen Winkel. Deswegen haben sie weniger Kraft, die Erde zu wärmen.

POLARE ZONE   SUBPOLARE ZONE   GEMÄẞIGTE ZONE

Luft und Meeresströmungen sorgen dafür, dass die Wärme etwas umverteilt wird. Sonst wäre es an den Polen noch kälter und am Äquator noch heißer. Vom Äquator aus strömen warme Luft und warmes Wasser nach Norden und Süden.

Warme Luft und warmes Wasser steigen nach oben. Kalte Luft und kaltes Wasser sinken nach unten. Genau das passiert auf dem Weg zu den Polen. Die warmen Ströme vom Äquator kühlen ab, sinken nach unten und strömen zurück in Richtung Äquator.

SUBTROPEN   TROPEN

IN DER POLAREN ZONE IST ES OFT BITTERKALT.

In Grönland zum Beispiel liegt den größten Teil des Jahres alles unter Schnee und Eis. Im Winter geht die Sonne monatelang nicht auf und es ist immer dunkel.

Die Weihnachtsbäume müssen per Schiff gebracht werden, denn in der polaren Zone wachsen kaum Pflanzen und keine Bäume.

Die traditionellen Nahrungsmittel sind Robben und Fisch. Obst und Gemüse wird mit dem Flugzeug eingeflogen, da auf dem gefrorenen Boden nichts angebaut werden kann.

Im Sommer haben die Kinder zwei Monate Ferien, damit sie jeden der wenigen Sonnenstrahlen des Jahres nutzen können. Doch auch im Juli muss man häufig eine warme Jacke anziehen, denn es bleibt kühl.

DIE TROPEN SIND DIE HEIẞESTE KLIMAZONE. Hier ist es immer warm, und das Jahr wird nicht in vier Jahreszeiten aufgeteilt, sondern in eine Regen- und eine Trockenzeit.
Die tropischen Regionen, die nah am Äquator liegen, sind fast das ganze Jahr über sehr feucht, und es regnet viel. Hier wuchern dichte Regenwälder, in denen unzählige Tierarten leben. Durch die Tropen fließt auch der wasserreichste Fluss der Welt: der südamerikanische Amazonas. Die Kinder, die hier leben, fahren oft mit dem Boot zur Schule.

Am Äquator strömt feuchtwarme Luft nach oben und wird dabei kühler. Darum bilden sich Wolken. Die Luft strömt dann nach Norden und Süden und die Wolken regnen sich ab.

Wenn die Luft an den Wendekreisen ankommt, also dort, wo die Sonne immer noch senkrecht auf die Erde scheint, sinkt sie wieder. Sie ist so trocken geworden, dass sich keine Wolken mehr bilden können. Es ist heiß und regnet extrem selten, nur wenige Pflanzen können überleben: Wüsten entstehen.

EUROPA LIEGT IN DER GEMÄSSIGTEN KLIMAZONE. Hier kommen Sonne und Regen, Wärme und Kälte, Wind und Schnee vor. Wie viel es davon jeweils gibt, ist unterschiedlich und hängt von der Jahreszeit ab.

FRÜHLING

SOMMER

HERBST

WINTER

Während es im Sommerurlaub an der Ostsee auch schon mal richtig kühl sein und regnen kann,

ist es im Süden, zum Beispiel in Italien, öfter heiß und trocken.

Doch in der gesamten gemäßigten Klimazone gibt es vier Jahreszeiten und die Sommer sind durchschnittlich viel wärmer als die Winter.

FÜR DIE JAHRESZEITEN IST DIE SONNE VERANTWORTLICH.

Die Erde umrundet die Sonne, während diese still steht. Das dauert ein Jahr. Gleichzeitig dreht sich die Erde um sich selbst. Wie ein leicht schiefer Kreisel steht die Erde dabei nicht ganz gerade. Von März bis September wird die Nordhalbkugel stärker von der Sonne beschienen und in den restlichen Monaten die Südhalbkugel.

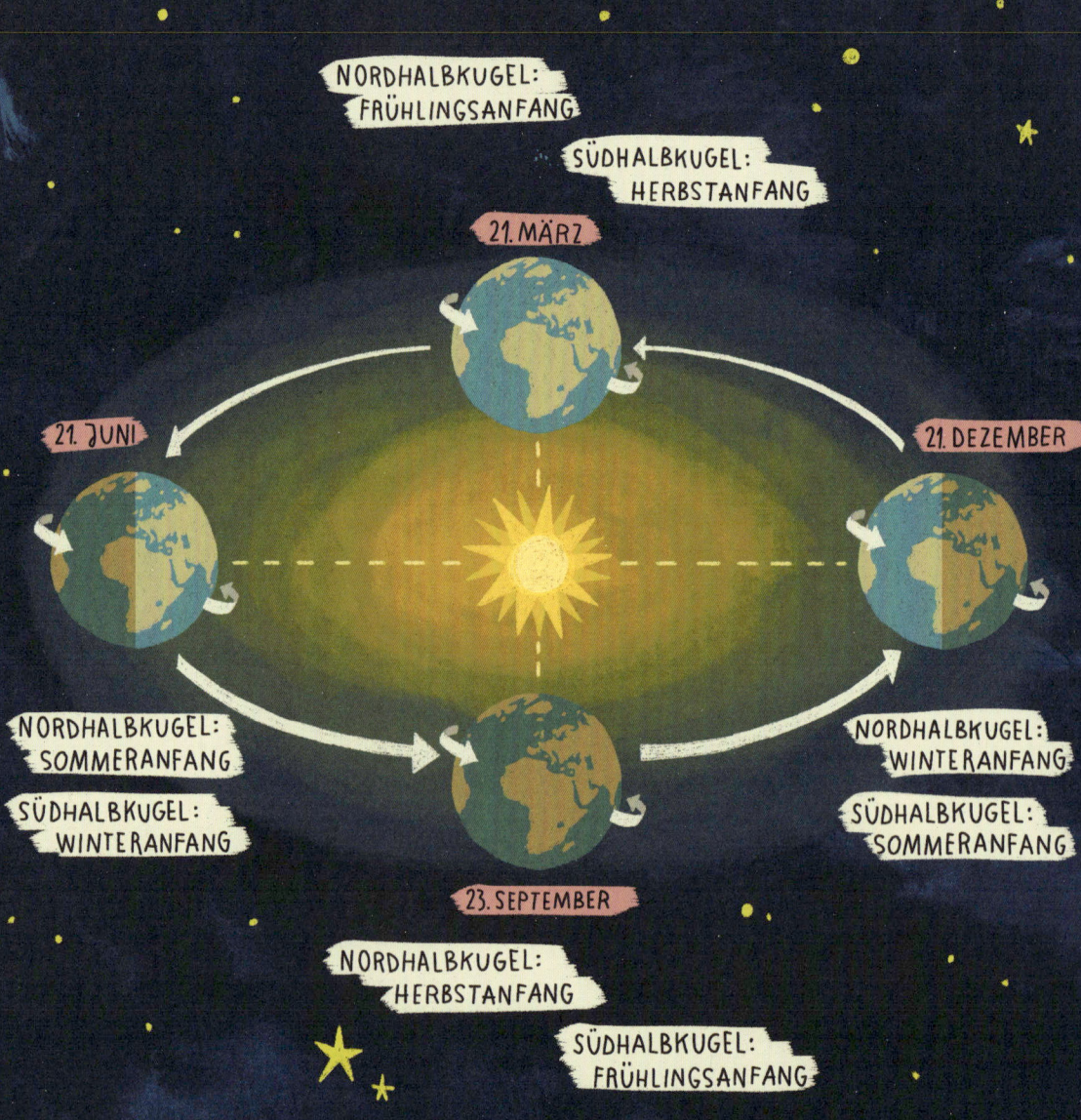

Europa liegt auf der Nordhalbkugel. Wenn auf der Nordhalbkugel die meisten Sonnenstrahlen landen, ist hier Sommer, die Tage sind warm und lang. Wenn die meisten Sonnenstrahlen auf der Südhalbkugel, also zum Beispiel in Australien, ankommen, ist dort Sommer und auf der Nordhalbkugel Winter. In Australien gibt es wie in Europa vier Jahreszeiten, aber genau umgekehrt. Im Dezember ist dort bestes Badewetter.

Merry Christmas!

DAS KLIMA WAR NICHT IMMER GLEICH.

In den Milliarden von Jahren seit der Entstehung der Erde gab es einen ständigen Wechsel zwischen warmen und kalten Perioden.

Als die Dinosaurier lebten, war es auf der Erde zum Beispiel viel wärmer als heute. Doch als vor etwa 65 Millionen Jahren ein Meteorit einschlug, wurde es für einige Jahre so kühl, dass die Dinosaurier und viele andere Tierarten ausstarben. Der Meteorit verursachte eine mächtige Explosion. Sie wirbelte so viel Staub und Asche in die Atmosphäre, dass weniger Sonnenlicht auf die Erde gelangte.

Ohne Licht und Wärme konnten viele Pflanzen nicht wachsen, sodass die pflanzenfressenden Dinosaurier verhungerten. Deshalb fanden auch die fleischfressenden Dinosaurier keine Nahrung mehr.

Da es damals noch keine Menschen gab, basiert alles, was wir über Dinosaurier und ihre Umgebung wissen, auf den Erkenntnissen der Forscher, die sich heute mit ihnen beschäftigen. Mit Knochenfunden und versteinerten Pflanzen machen sie sich ein Bild von der Welt der Vergangenheit.

IN DER LETZTEN GROSSEN EISZEIT lag ein Teil Deutschlands dauerhaft unter Eis. Von den Alpen schauten nur die höchsten Spitzen hervor. Diese Eiszeit dauerte ungefähr 100 000 Jahre. Seit etwa 10 000 Jahren ist es insgesamt wieder wärmer auf der Erde.
Aber vor rund 400 Jahren, im 17. Jahrhundert, wurde es noch einmal richtig kalt. Da diese Phase nicht sehr lange anhielt, heißt sie Kleine Eiszeit.

Die Winter waren extrem hart und die Sommer so kühl, dass es zu Hungersnöten kam, weil die Ernten schlecht ausfielen. Bergdörfer mussten weichen, da die Gletscher teilweise sehr stark wuchsen. Große Flüsse waren so dick zugefroren, dass darauf ganze Jahrmärkte abgehalten wurden. 1608 und 1621 konnte man sogar über das Nordseeeis vom Festland zu den Friesischen Inseln spazieren.

BEI JEDEM WALDSPAZIERGANG TRIFFT MAN KLIMAZEUGEN!

Mit ihrer Hilfe untersuchen Klimaforscher, wie das Klima in vergangenen Zeiten war.

An gefällten Baumstämmen oder Baumstümpfen kann man die Jahresringe zählen und daran erkennen, wie alt ein Baum ist. Aber die Ringe verraten noch mehr:

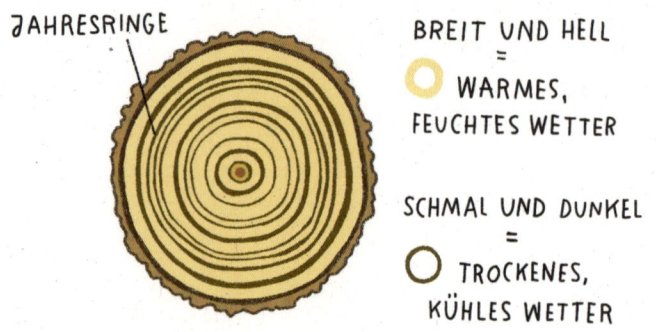

Wissenschaftler erhalten durch sie Informationen über das Klima. Im Frühling wachsen die Bäume am stärksten, im Sommer und Herbst dann immer weniger, bis sie im Winter eine Wachstumspause machen. Durch diesen Wechsel entstehen die Jahresringe.

Neben Pflanzen verraten zum Beispiel Tropfsteine etwas über das Klima.

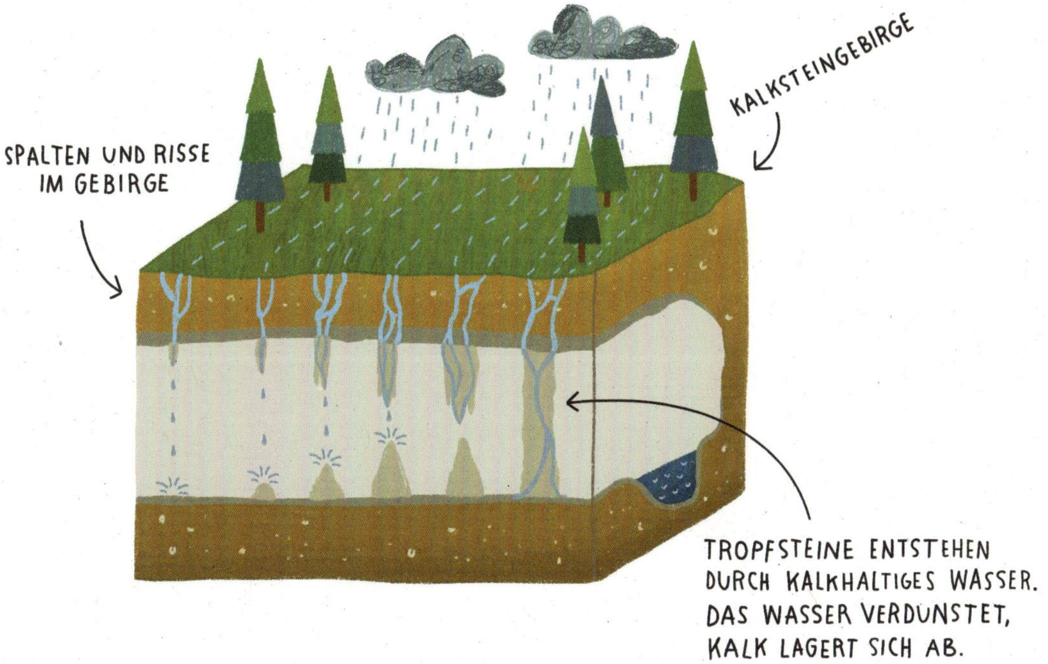

SPALTEN UND RISSE IM GEBIRGE

KALKSTEINGEBIRGE

TROPFSTEINE ENTSTEHEN DURCH KALKHALTIGES WASSER. DAS WASSER VERDUNSTET, KALK LAGERT SICH AB.

Die in Tropfsteinen eingeschlossene Luft zeigt den Wissenschaftlern zum Beispiel, wie viel Niederschlag es zur Entstehungszeit des jeweiligen Steinabschnitts gab.

EIS LIEFERT UNS INFORMATIONEN ÜBER DAS KLIMA VON HUNDERTTAUSENDEN VON JAHREN. In Grönland oder der Antarktis bohren Forscher kilometertief hinein und ziehen Eisbohrkerne heraus. Das Eis bildete sich aus Schneefällen, die sich über Tausende von Jahren hinweg ansammelten. Die frischen, oberen Schichten pressten die unteren zusammen. Je tiefer eine Eisschicht liegt, desto älter ist sie.

Im Labor werden zum Beispiel die Eisdicke oder die Zusammensetzung der winzigen im Eis eingeschlossenen Luftbläschen und Staubablagerungen untersucht. Daran kann man erkennen, wie sich das Klima über unvorstellbar viele Jahre hinweg verändert hat.

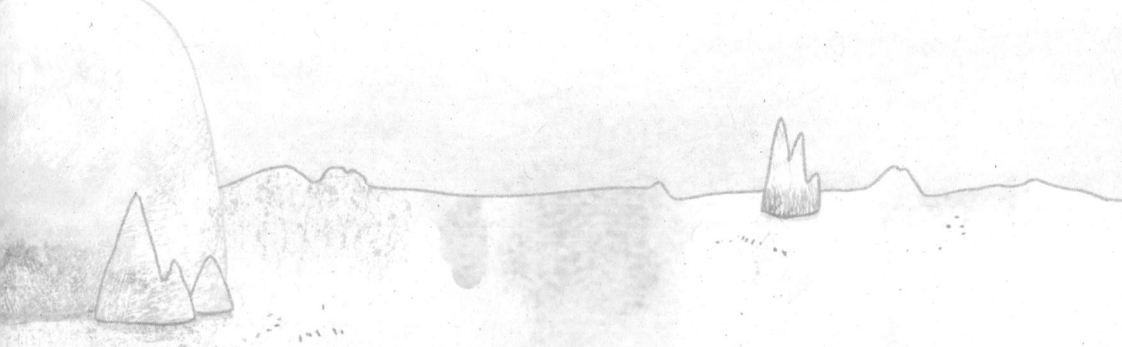

DIE ANTARKTIS IST DER KÄLTESTE KONTINENT DER ERDE. DIE NIEDRIGSTE JEMALS GEMESSENE TEMPERATUR BETRÄGT −93,2 GRAD.

TROTZ DER EISIGEN TEMPERATUREN ERKÄLTEN SICH DIE FORSCHER BEI IHRER ARBEIT IN DER ANTARKTIS NICHT. DENN WO KEINE MENSCHEN LEBEN, GIBT ES KEINE ERKÄLTUNGSVIREN.

DASS SICH DAS KLIMA
VERÄNDERT HAT,
IST GANZ NATÜRLICH. Diese Veränderungen sind aber nur sehr, sehr langsam, über Jahrtausende und Jahrmillionen, vor sich gegangen.
Eine mögliche Erklärung dafür besteht darin, dass die Bahn, auf der die Erde um die Sonne kreist, nicht haargenau gleich bleibt. Im Laufe der Zeit verändert sie sich kaum merklich: Sie kann kreisförmig verlaufen oder sie kann einem Ei ähneln.

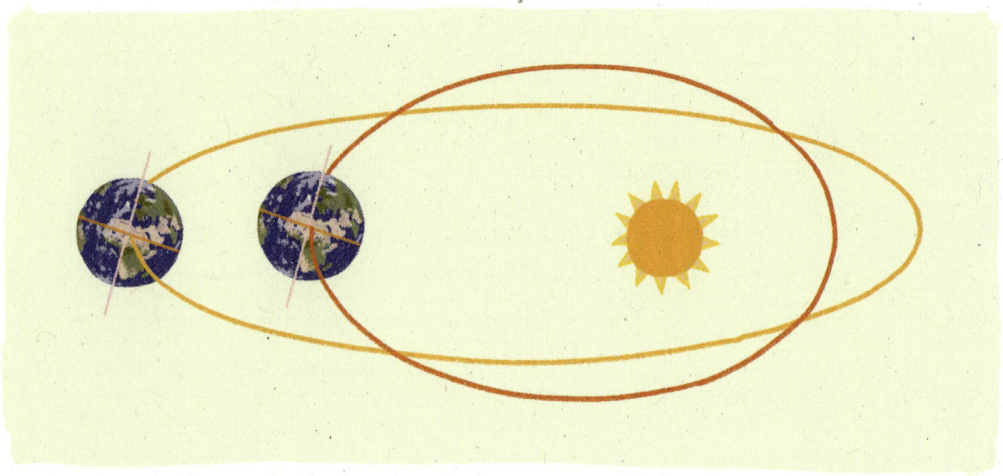

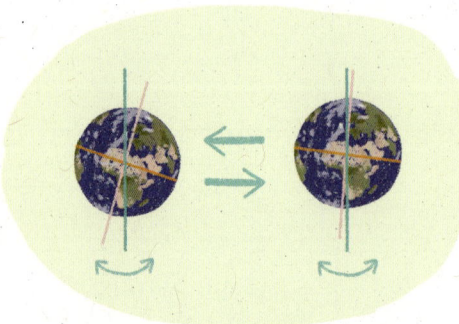

Auch die Neigung der Erdachse schwankt. Deshalb war die Erde in den Eiszeiten durchschnittlich weiter von der Sonne entfernt. In den Warmzeiten bewegte sich die Erde enger um die Sonne und es kam mehr Sonnenlicht auf ihr an.

Die Sonnenstrahlen sind außerdem nicht immer gleich stark. Auf der Sonne gibt es Flecken, mal sind es mehr, mal weniger. Weil es an den Sonnenflecken zu explosionsartigen Ausbrüchen kommt, führen Jahre mit vielen Flecken bei uns zu einer Erwärmung. In einer Phase mit wenigen Sonnenflecken ist es auf der Erde etwas kühler. Wissenschaftler gehen aber davon aus, dass sich die Sonnenflecken nur leicht auf das Klima auswirken.

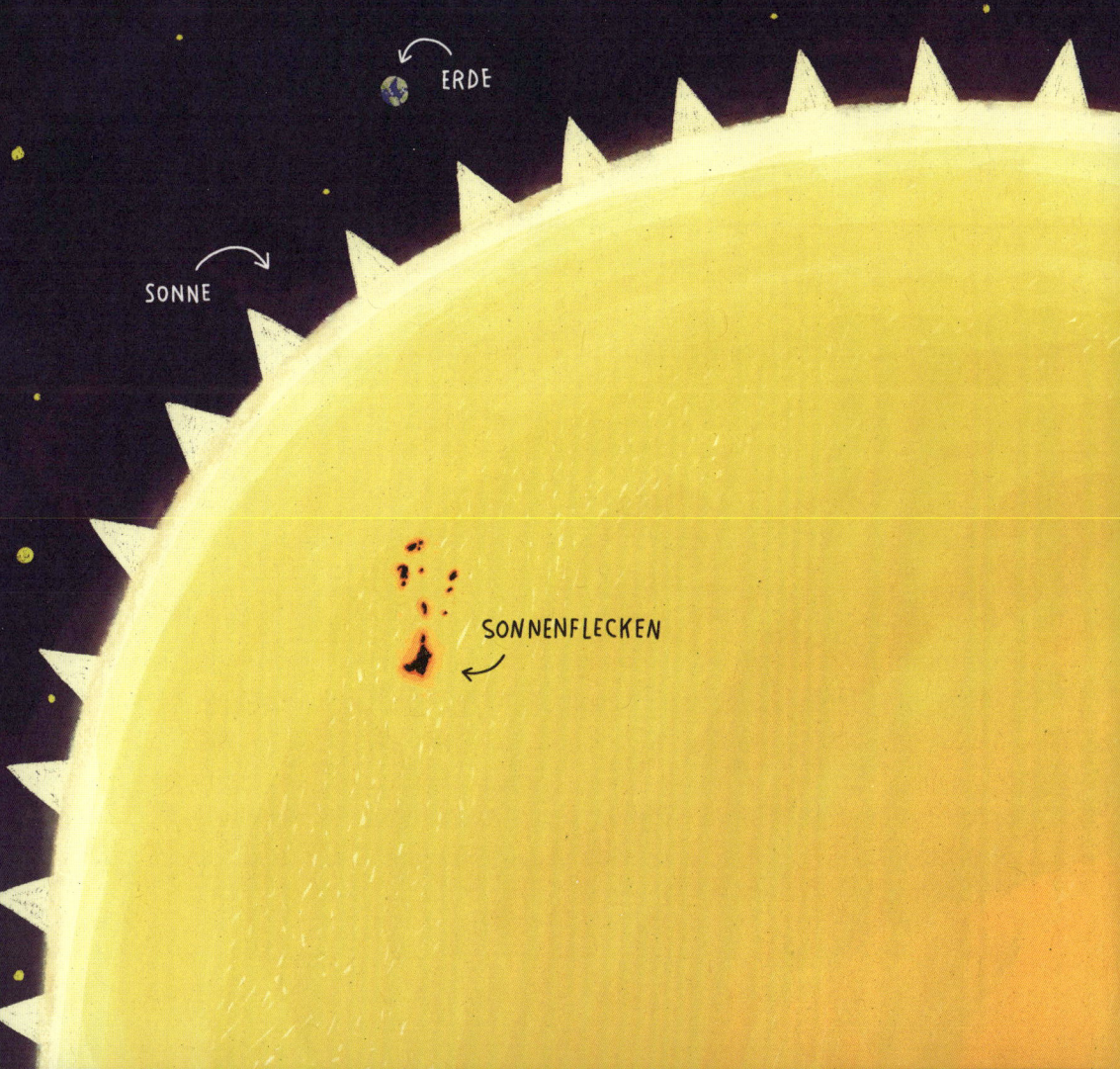

DER TREIBHAUSEFFEKT gehört ebenfalls zu den natürlichen Klimaeinflüssen. In der Atmosphäre, die die Erde wie eine unsichtbare Hülle umschließt, kommen unterschiedliche Gase vor. Sie sorgen dafür, dass Sonnenwärme auf der Erde gespeichert wird. Zum Beispiel Kohlenstoffdioxid, Methan, Wasserdampf und Ozon. Diese Treibhausgase atmen wir aus, sie entstehen durch verrottende Pflanzen oder Vulkanausbrüche. Ohne den Treibhauseffekt wäre es auf der Erde so kalt wie in einer Tiefkühltruhe, nämlich im Durchschnitt nur −18 Grad.

Treibhausgase gibt es also schon immer, aber die Menschen produzieren inzwischen besonders große Mengen und verändern so nach und nach die Zusammensetzung der Atmosphäre: Mit Autos, Flugzeugen und Fabriken haben sie in den letzten Jahrzehnten so viele Treibhausgase in die Luft geblasen, dass immer mehr Sonnenwärme gespeichert wird. Wenn die Leute von Klimawandel sprechen, meinen sie damit meist genau das, also die von der Lebensweise der Menschen beeinflusste Erwärmung der Erde.

MANCHE EREIGNISSE VERÄNDERN DIE ZUSAMMENSETZUNG DER ATMOSPHÄRE GANZ PLÖTZLICH und sorgen damit für ein anderes Klima. Als der Vulkan Krakatau in Indonesien 1883 explodierte, konnte man das noch 4 000 Kilometer weiter in Australien hören. Mit dem Auto müsste man ungefähr zwei Tage lang fahren, um diese Entfernung zu überwinden. Und sogar im noch viel weiter entfernten New York sahen die Sonnenuntergänge plötzlich aus, als würde es lichterloh brennen. Einige Menschen riefen die Feuerwehr.

Der Krakatau schleuderte unvorstellbare Mengen Asche und Gase in die Luft. Die winzig kleinen Schwebeteilchen, die sich dadurch in der Atmosphäre anreicherten, nennt man Aerosole. Sie ließen die Sonnenstrahlen abprallen, sodass sie nicht mit voller Kraft auf die Erde gelangen konnten. Deshalb kühlte das Klima auf der gesamten Erde für einige Jahre ab. Und da die Aerosole hauptsächlich die roten Töne des Lichts durchlassen, färbte sich der Himmel in vielen Teilen der Welt rot und rosa.

In der Atmosphäre gibt es Aerosole wie Partikel von Wüstensand oder Meersalz. Daneben produzieren auch die Menschen jede Menge Aerosole, zum Beispiel Ruß, der bei Verbrennungsvorgängen in Fabriken oder Fahrzeugen ausgestoßen wird. Manche haben einen kühlenden Effekt auf das Klima. Andere einen wärmenden, wie Rußteilchen, denn sie speichern die Wärme der Sonne. Wie stark die Aerosole den aktuellen Klimawandel beeinflussen, untersuchen die Wissenschaftler noch. Die Hauptrolle beim Klimawandel spielen die Treibhausgase, die durch die Menschen in die Luft gelangen.

UM ENERGIE ZU GEWINNEN, WERDEN KOHLE, ERDÖL UND ERDGAS VERBRANNT.

Dabei entsteht der größte Teil der menschengemachten Treibhausgase. Wir nutzen die Energie für sehr viele Dinge. Zu Hause, in der Schule und in Geschäften verbrauchen wir Strom, der in Kohlekraftwerken entsteht. Autos fahren mit aus Erdöl hergestelltem Benzin und Heizungen erwärmen sich durch Erdgas.

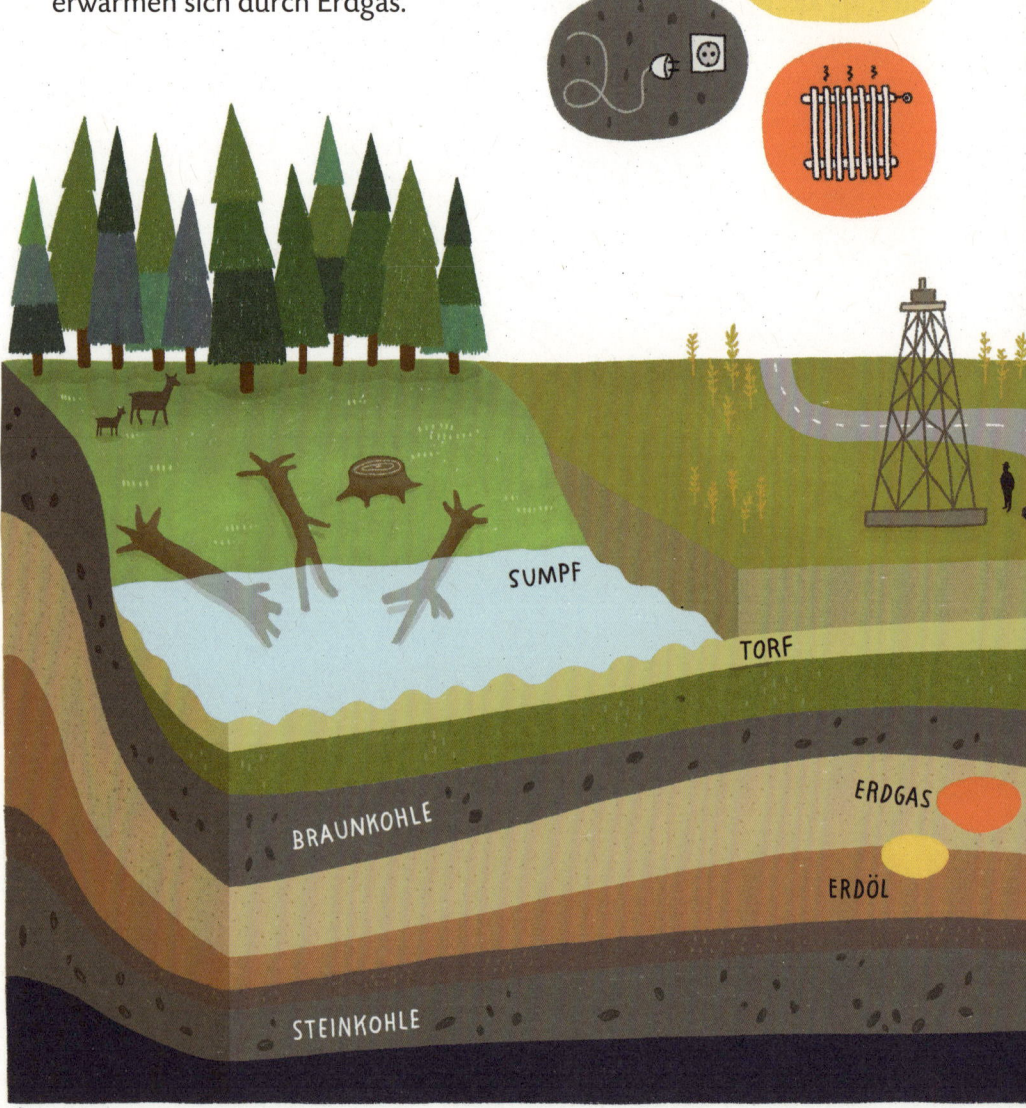

Kohle, Erdöl und Erdgas nennt man fossile Rohstoffe. Sie sind uralt und werden tief aus der Erde geholt. Da sie unter anderem aus verrottenden Pflanzen entstanden sind, ist in ihnen viel Kohlenstoff eingeschlossen. Denn Pflanzen nehmen Kohlenstoffdioxid auf und wandeln es in Kohlenstoff um, um Energie zum Wachsen zu bekommen. Wenn wir fossile Rohstoffe verbrennen, können wir die in ihnen gespeicherte Energie nutzen. Dabei wird aus dem Kohlenstoff wieder Kohlenstoffdioxid, das in die Atmosphäre gelangt.

MEER

FÜR FAST DIE HÄLFTE DES AUSSTOßES VON TREIBHAUSGASEN IST DIE INDUSTRIE VERANTWORTLICH. Viele verschiedene Fabriken und Kraftwerke setzen große Mengen davon frei.

Im Stahlwerk wird Eisen zu Stahl, aus dem zum Beispiel Maschinen, Autos und Werkzeuge entstehen. Dafür muss es auf hohe Temperaturen erhitzt werden und das kostet viel Energie.

STAHLWERK

Im Kohlekraftwerk wird durch das Verbrennen von Kohle Strom erzeugt, der von uns allen verbraucht wird.

Fast alles, was man kauft, wird in Fabriken produziert. Hier werden Lebensmittel verarbeitet und verpackt, Papier entsteht und Plastik wird zu Spielzeug geformt.

Vor ungefähr 250 Jahren wurden viele Erfindungen gemacht.
DIE ARBEIT, DIE VORHER VON MENSCHEN ERLEDIGT WURDE, KONNTEN NUN MASCHINEN ÜBERNEHMEN.
Es entstanden Fabriken voller mechanischer Apparate, die große Mengen der unterschiedlichsten Waren produzieren konnten. Die Städte wuchsen, da viele Menschen vom Land dorthin zogen, um in den Fabriken zu arbeiten. Diese Phase nennt man industrielle Revolution. Seither wird immer mehr Energie verbraucht.

Vor der industriellen Revolution stellten die Menschen viele Dinge zu Hause her, spannen zum Beispiel mit dem Spinnrad Garn, webten Teppiche oder brannten Porzellan. Die Waren wurden von den Kunden direkt eingekauft oder mit der Kutsche zu Händlern am Ort transportiert. Mit der »Spinning Jenny«, einer Maschine, die parallel mehrere Fäden spinnen und viele Spinner und Weber ersetzen konnte, begann sich alles zu verändern.

Die wichtigste Erfindung war die Dampfmaschine. Mit ihrer Hilfe konnte man die Maschinen in den Fabriken betreiben und schneller größere Mengen produzieren. Sie trieb auch Lokomotiven und Schiffe an, die Material und Waren an weit entfernte Orte transportierten. Für die Dampfmaschinen brauchte man sehr viel Kohle. Für die Schienen und Schiffe benötigte man Eisen, für dessen Abbau man wiederum Dampfmaschinen brauchte. All das kurbelte die Industrie immer weiter an.

Für die Herstellung der meisten Dinge werden verschiedene Materialien gebraucht. Viele werden weit weg produziert, da das in anderen Ländern oft billiger ist.

CHINA
INDIEN
EUROPA
BANGLADESCH
POLEN
TÜRKEI
NIEDERLANDE

So wandern die meisten Produkte durch mehrere Fabriken an verschiedenen Orten, bis sie fertig sind und verkauft werden.

BIS EINE JEANS IN UNSEREM KLEIDERSCHRANK LANDET, HAT SIE OFT EINE WELTREISE HINTER SICH.

1. BAUMWOLLE WIRD ANGEBAUT

2. BAUMWOLLE WIRD GEERNTET

3. GARN WIRD GESPONNEN

4. GARN WIRD GEFÄRBT

5. GARN WIRD ZU STOFF GEWEBT

6. NÄHERINNEN SCHNEIDERN DIE JEANS

6.a SCHNITTMUSTER

6.b KNÖPFE UND REIẞVERSCHLÜSSE

7. JEANS WERDEN JE NACH STIL VERSCHIEDEN GEWASCHEN

8. TRANSPORT IN KAUFHÄUSER

9. JEANS KAUFEN

VIELE DINGE WIRFT MAN AM ENDE WIEDER WEG oder es bleiben Reste und Verpackungen übrig, die auf dem Müll landen. Sortiert man den Müll, können daraus neue Produkte entstehen. Das nennt man Recycling. Macht man aus alten Sachen neue, spart man Rohstoffe, Energie und Treibhausgase.

ALTGLAS
Glas wird eingeschmolzen und zu neuen Flaschen, Gläsern etc. verarbeitet.

PAPIERTONNE
Aus Papier und Pappe entsteht neues Papier.

BIOTONNE
Abfälle aus Küche und Garten wie Eierschalen, Bananenschalen oder Laub verrotten und werden zu Kompost, mit dem man Blumen oder Gemüsebeete düngen kann.

PLASTIKMÜLL

RESTMÜLL
Alles andere kann man nicht wiederverwerten. Der Restmüll lagert auf Deponien oder wird verbrannt. Das Verbrennen verursacht Kohlenstoffdioxid.

Die Herstellung von Plastik kostet viel Erdöl und Energie und verursacht jede Menge Treibhausgase. Wenn wir Plastik wegwerfen, zum Beispiel alte Flaschen, Spielzeug, Strohhalme oder Tüten, wird über die Hälfte davon nicht recycelt, sondern verbrannt. Und das verursacht noch mehr Treibhausgase.
Wird der Müll-Mischmasch aus verschiedenen Plastikfarben und -sorten, der im gelben Sack landet, eingeschmolzen und zu anderen Plastikprodukten weiterverarbeitet, entstehen häufig dunkle Gegenstände wie Kisten. Für die Produktion neuer Dinge in sauberen, leuchtenden Farben benutzt man meist neu hergestelltes Plastik.

Da nicht jeder seinen Müll richtig entsorgt, ist die Welt mittlerweile voller Plastik. Es verrottet nicht und wird immer mehr und mehr. Und sogar, wenn Plastik einfach nur in der Natur herumliegt oder im Meer schwimmt, setzt es Treibhausgase frei. Durch die Sonneneinstrahlung zerfällt es nach und nach in immer kleiner werdende Teilchen und gibt dabei Methan und andere Gase ab.

IN DER STADT KOMMT MAN MIT DEM FAHRRAD MANCHMAL SCHNELLER VORAN ALS ALLE ANDEREN. Wer nicht Rad fahren will, nimmt den Bus oder die Straßenbahn. Auf dem Land brauchen viele ein Auto, weil der nächste Supermarkt oder der Arzt weiter entfernt liegen. Flugzeuge fliegen tagtäglich Reisende rund um den Globus, egal ob zum Urlaubsort, zur Oma oder zu wichtigen Geschäftsterminen. Durch all das gerät viel Kohlenstoffdioxid in die Luft.

Ein schicker Wagen will bewegt werden!

Öffentliche Verkehrsmittel wie Busse, Züge oder Straßenbahnen verursachen pro Mitfahrer weniger Treibhausgase als Autos, da sie so viele Menschen gleichzeitig transportieren können. Der Einfluss von Flugzeugen auf den Treibhauseffekt ist besonders groß, obwohl sie so viele Plätze haben. Flugzeuge werden mit Kerosin angetrieben, das wie Benzin und Diesel aus Erdöl hergestellt wird. Jedes Flugzeug verbrennt riesige Mengen davon. Dabei entstehen Kohlenstoffdioxid und weitere schädliche Stoffe.

AUSSTOß VON TREIBHAUSGASEN PRO PERSON UND KILOMETER

0 GRAMM

CA. 47,5 GRAMM

CA. 65 GRAMM

CA. 75 GRAMM

CA. 140 GRAMM

CA. 200 GRAMM

Ewig nach einem Parkplatz suchen, nein, danke.

CHECKLISTE

Energiesparen ist ganz einfach!

1. FENSTER GUT SCHLIESSEN, DAMIT DIE WÄRME NICHT ENTWEICHT. ✓
2. FENSTER NUR KURZ ÖFFNEN, DAFÜR MEHRMALS AM TAG. ✓
3. HINTER SICH DAS LICHT AUSSCHALTEN. ✓
4. GERÄTE NICHT AUF STAND-BY LASSEN. ✓
5. BEIM LÜFTEN HEIZUNG AUSSTELLEN.

ZU HAUSE BRAUCHT MAN STÄNDIG ENERGIE. Es gibt aber auch viele Dinge, die man tut, die das Klima nicht so sehr beeinflussen. Fußball- oder Versteckenspielen zum Beispiel.

Solarzellen auf dem Dach oder im Garten verwandeln Sonnenlicht in Energie, sodass man weniger Strom aus anderen Quellen wie Kohlekraft braucht.

Aber musste der Fußball nicht auch in einer Fabrik hergestellt werden?

AUF DEM ESSTISCH, im Kühlschrank oder in der Brotdose finden sich einige Gründe für die Treibhausgase, die Menschen verursachen. Viele Lebensmittel, besonders Produkte, die vom Tier stammen, belasten das Klima.

TREIBHAUSGASE PRO KILOGRAMM:

CA. 900 GRAMM
CA. 3100 GRAMM
CA. 8000 GRAMM
CA. 1200 GRAMM
CA. 650 GRAMM
CA. 1700 GRAMM
CA. 23000 GRAMM
CA. 13300 GRAMM
CA. 140 GRAMM

In den letzten 100 Jahren ist der Verbrauch tierischer Produkte stark gestiegen. Bei den meisten Menschen stehen sie fast täglich auf dem Speiseplan.

KILOGRAMM PRO KOPF UND JAHR:

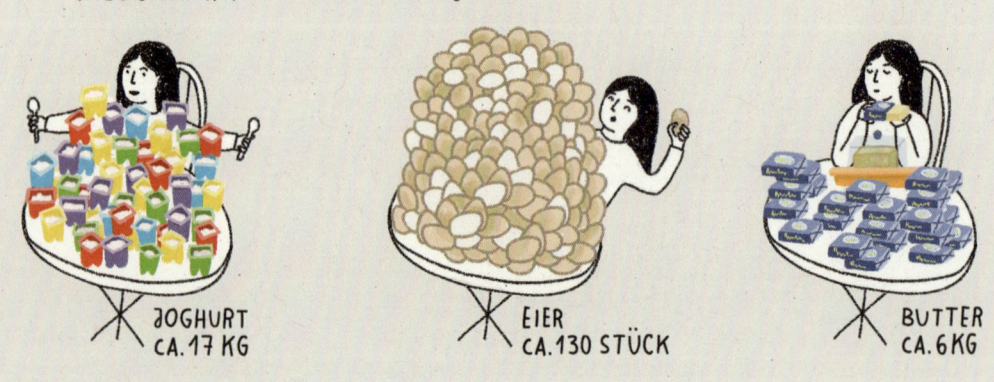

JOGHURT CA. 17 KG

EIER CA. 130 STÜCK

BUTTER CA. 6 KG

In Zukunft könnten Insekten viele Produkte ersetzen. Das wäre klimafreundlich, denn die Insektenproduktion kostet viel weniger Energie und Platz als die Zucht und Haltung von Säugetieren und Geflügel.

Ihhhh!

Wie wäre es mit einer leckeren Ameise? Oder einer Grille?

FLEISCH CA. 60 KG

KÄSE CA. 25 KG

MILCH CA. 60 KG

WIE VERURSACHEN LEBENSMITTEL TREIBHAUSGASE?

Man betrachtet dabei, wie viele Treibhausgase bei den einzelnen Schritten der Produktion von Lebensmitteln freigesetzt werden.

Tiere haben Hunger. Je mehr Tiere für unseren Lebensmittelbedarf gezüchtet werden, desto mehr Futter wird für sie angebaut. Für die benötigten Ackerflächen werden Wiesen und Wälder zerstört. Für Anbau, Ernte und Verarbeitung des Futters nutzen die Landwirte außerdem verschiedene Maschinen und Düngemittel, die Treibhausgase freisetzen.

Ställe müssen beheizt und gereinigt werden. Die Haltung der Tiere verbraucht also Energie. Und die Tiere selbst stoßen auch Treibhausgase aus! Vor allem Rinder setzen beim Rülpsen und Pupsen jede Menge Methan frei.

Auch das Verarbeiten, Transportieren und Kühlen von Lebensmitteln erzeugt Treibhausgase. Zum Beispiel Milch: Die Kühe werden von automatischen Melkmaschinen gemolken und die Milch wird in einen Kühltank geleitet. Der Milchsammelwagen bringt die Milch in die Molkerei. Dort wird sie erhitzt, gereinigt und abgefüllt oder zu Produkten wie Joghurt, Butter oder Sahne weiterverarbeitet. Zum Schluss verteilt ein Lkw alles auf die Supermärkte, wo Kühlschränke, Licht und Kassen Strom verbrauchen.

An all das muss man denken, wenn man ausrechnet, wie viele Treibhausgase ein Lebensmittel verursacht. Sogar unser Weg mit dem Auto zum Supermarkt und das Lagern in unseren Kühlschränken zählen dazu. Auch Verschwendung spielt eine Rolle. Denn dadurch, dass viele gute Lebensmittel weggeworfen werden, zum Beispiel weil sie nicht schön aussehen oder das Mindesthaltbarkeitsdatum überschritten ist, muss umso mehr Neues produziert werden.

NUR NOCH OBST ODER GEMÜSE ESSEN

– würde das dem Klima helfen? Ja und nein. Viele Menschen verzichten mittlerweile auf Fleisch, um Tiere und Umwelt zu schützen. Sie heißen Vegetarier. Die Veganer haben sich sogar dafür entschieden, sämtliche Lebensmittel, die vom Tier stammen, von ihren Speiseplänen zu streichen. Und tatsächlich: Insgesamt verursachen diese Ernährungsweisen weniger Treibhausgase.

Aber auch Gemüse und Obst können schlecht fürs Klima sein. Nämlich dann, wenn sie weit weg angebaut werden und mit dem Flugzeug oder Schiff und Lkws zu uns transportiert werden müssen. Da der Transport lange dauert, muss die Ware gekühlt werden, damit sie nicht verdirbt. Das kostet zusätzlich Energie und verursacht Kohlenstoffdioxid.

Ich esse nur vegetarisch.

Ist Ihr Hund auch Vegetarier?

Es macht also einen Unterschied, ob man einen Apfel isst, der in der Nähe gewachsen ist, oder eine Ananas, die den ganzen weiten Weg aus Südamerika kommt. Den geringsten Einfluss auf das Klima haben regionale Produkte, die gerade Saison haben. Sie müssen nicht in beheizten Gewächshäusern gezüchtet oder von weit her gebracht werden. Auch wer gern Fleisch, Eier und Käse isst, kann darauf achten, wo die Produkte herkommen. Viele Bauern verkaufen ihre eigenen Erzeugnisse auf dem Markt oder im Hofladen. Wenn man einen Garten hat, kann man selbst Kräuter, Gemüse und Obst anbauen.

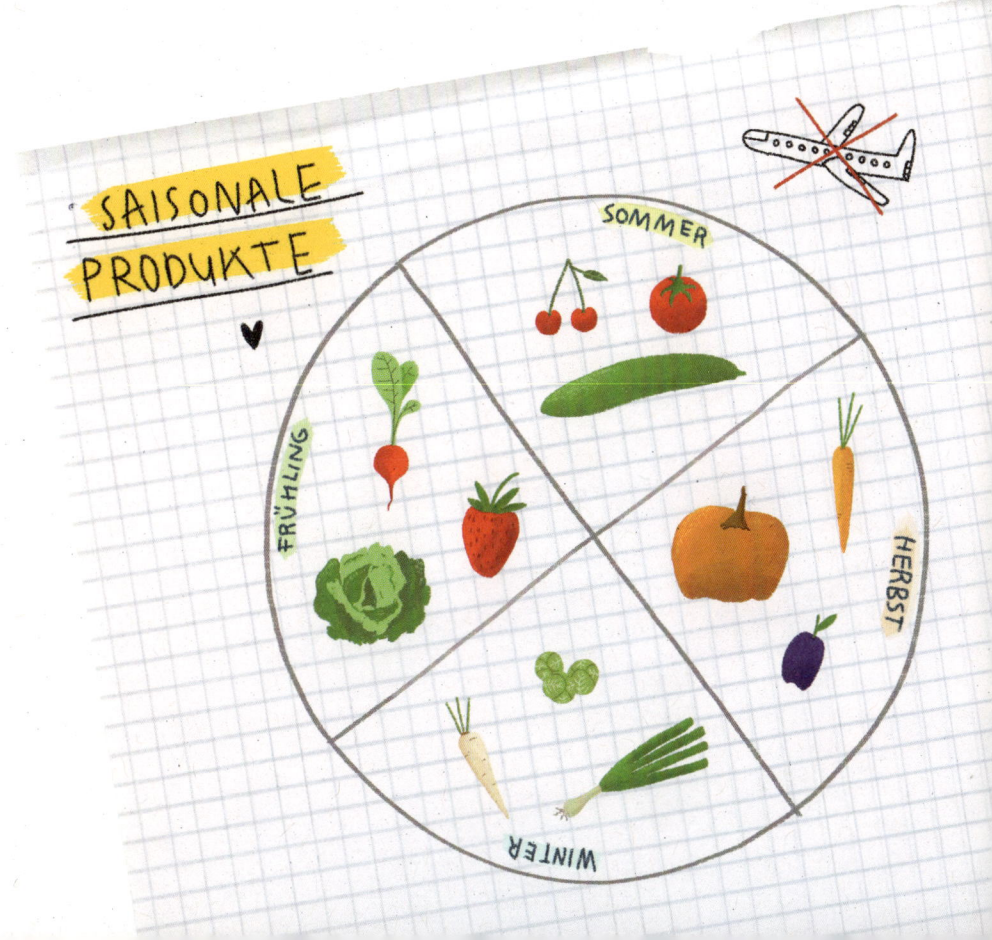

SAISONALE PRODUKTE

FRÜHLING · SOMMER · HERBST · WINTER

DIE WELTBEVÖLKERUNG HAT SICH UNGEFÄHR VERDREIFACHT, seit Oma und Opa Kinder waren. Und sie wächst weiter. In jeder Sekunde werden durchschnittlich drei neue Erdenbürger geboren. Das erhöht den Verbrauch von Rohstoffen und den Ausstoß von Treibhausgasen. Denn immer mehr Menschen müssen essen und trinken, viele wollen Auto fahren, verreisen und schöne Dinge kaufen. Der Energieverbrauch steigt, es werden mehr Flächen für Ackerbau gebraucht, mehr Nutztiere gezüchtet, mehr Dinge produziert, der Bedarf an Wasser nimmt zu.

Wissenschaftler und Politiker arbeiten daran, Lösungen zu finden, wie alle Menschen gesund leben und ernährt werden können, ohne das Klima zu sehr zu belasten, und wie wir Wasser und Energie sparen können. Sie müssen schnell handeln, denn der Klimawandel wirkt sich schon heute auf die gesamte Welt aus.

DURCH DIE ERDERWÄRMUNG WIRD DAS WETTER EXTREMER.

Starke Hitzewellen lassen Pflanzen vertrocknen, Waldbrände können entstehen, das Trinkwasser wird knapp. Die Wärme kann aber auch zu Stürmen mit heftigem Regen führen. Denn warme Luft speichert mehr Wasserdampf und es bilden sich mehr Wolken.

Das extreme Wetter hält manchmal über Tage und Wochen an. Das liegt daran, dass die Pole sich stärker erwärmen als der Rest der Welt, sodass der Temperaturunterschied zum Äquator kleiner wird. Die Winde, die vom Äquator zu den Polen strömen, werden langsamer. Dadurch ziehen Hitze oder Stürme nicht mehr so schnell weiter wie früher.

Warum ist denn das Brot so teuer?

Wenn es trocken ist, wachsen Weizen und Kartoffeln schlecht.

Das werden aber kleine Pommes.

Hitze, Starkregen und Stürme können Straßen und Häuser beschädigen. Die Reparaturen kosten viel Geld. Deshalb versucht man, diesen Schäden vorzubeugen, zum Beispiel, indem man neue Abwassersysteme baut. Noch besser ist, man belässt Landschaften so natürlich wie möglich.

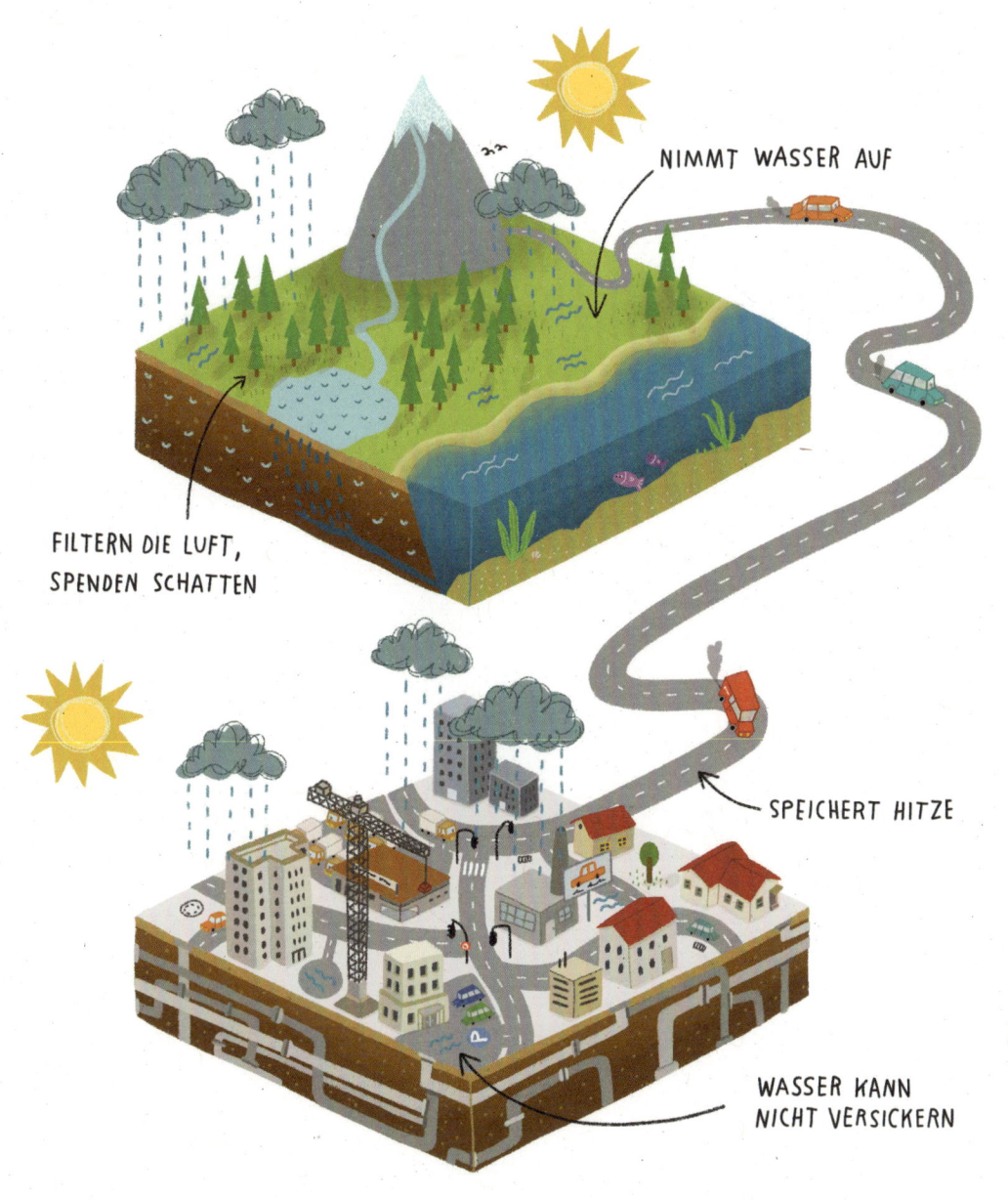

NIMMT WASSER AUF

FILTERN DIE LUFT, SPENDEN SCHATTEN

SPEICHERT HITZE

WASSER KANN NICHT VERSICKERN

EIS UND SCHNEE REFLEKTIEREN SONNENLICHT UND KÜHLEN SO DIE ERDE.

Durch die Erderwärmung schmelzen sie in großen Mengen. Da Erde und Wasser dunkler sind als Schnee und Eis, prallen die Sonnenstrahlen nicht mehr ab, sondern werden gespeichert. Es wird also noch wärmer. Und wenn es noch wärmer wird, schmilzt noch mehr Eis.

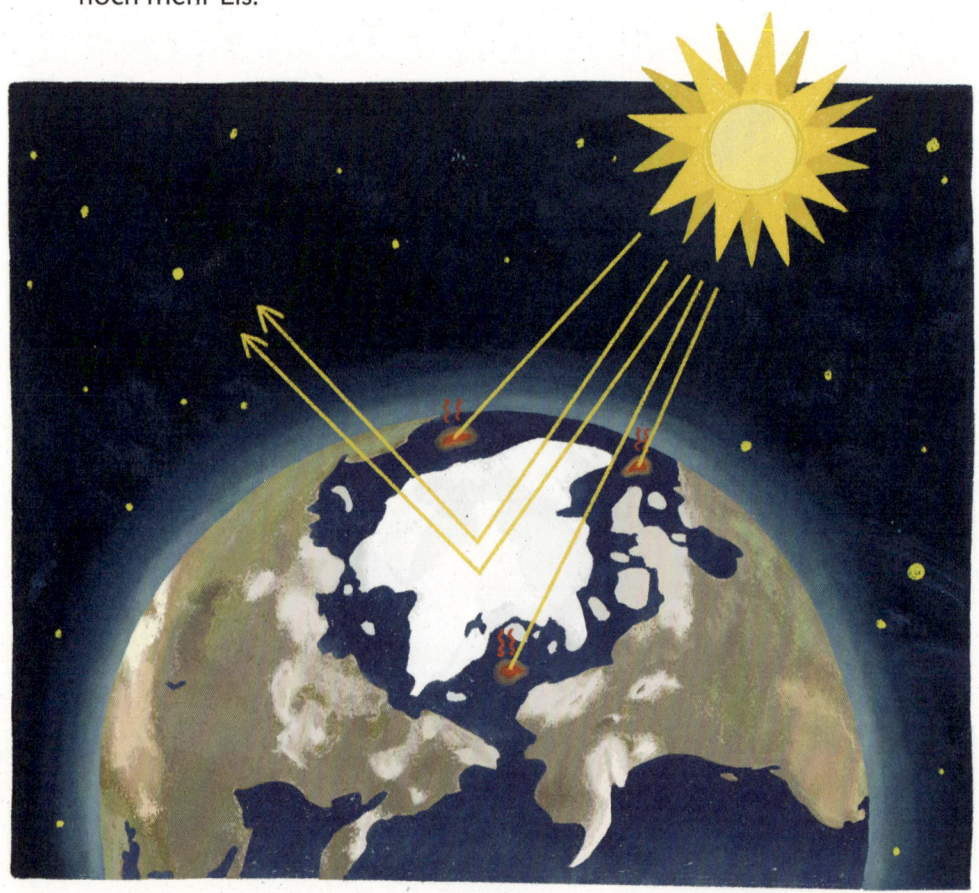

In den Alpen gibt es immer weniger Schnee und Eis. Skigebiete müssen deshalb oft mit Schneekanonen beschneit werden. Selbst die Gletscher schmelzen. Das sind riesige Eismassen, die aus unzähligen Schneeschichten entstanden sind. Wenn mehr Eis schmilzt als Schnee fällt, schrumpfen die Gletscher.

Das viele Schmelzwasser kann im Tal Überflutungen und Erdrutsche verursachen. Da Gletscher Trinkwasserspeicher sind, wird außerdem die Trinkwasserversorgung schwieriger, wenn sie schwinden.
Forscher versuchen, die Gletscher zu schützen. Zum Beispiel, indem sie sie mit speziellen Folien oder einer künstlichen Schneeschicht abdecken.

AM NORDPOL GEHT BESONDERS
VIEL EIS VERLOREN. Durch den Klimawandel ist es so warm geworden, dass die riesigen Eisflächen, die dort das ganze Jahr über das Meer bedecken, nach und nach schrumpfen. Denn im Sommer taut mehr Eis auf, als sich im Winter bildet.

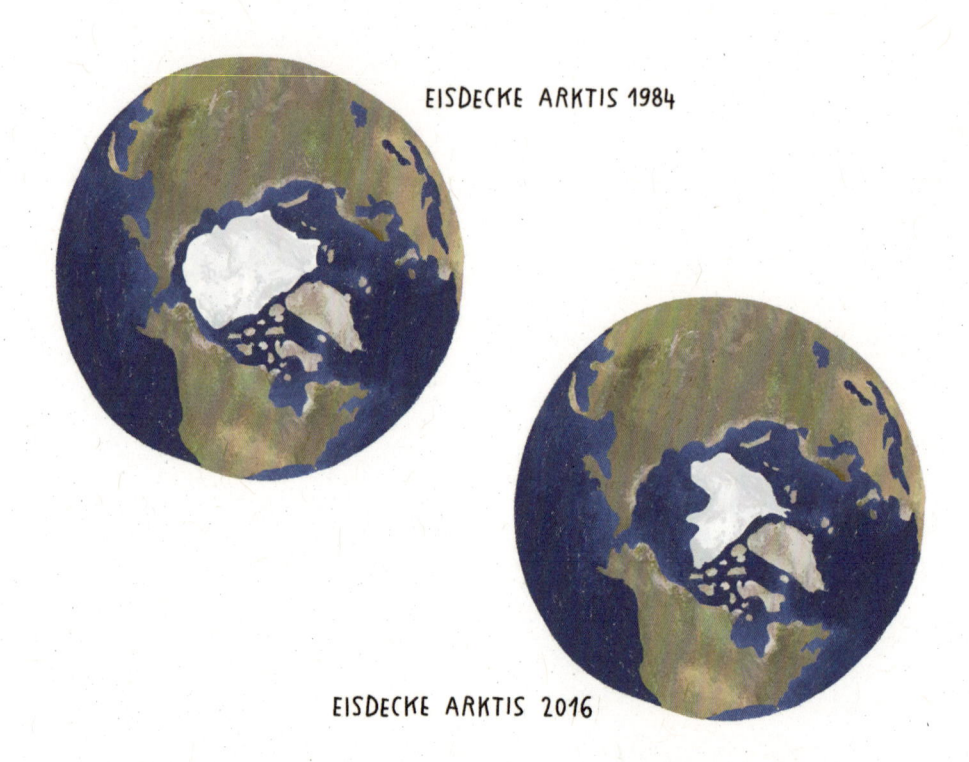

EISDECKE ARKTIS 1984

EISDECKE ARKTIS 2016

Ein anderer Teil des Eises an Nord- und Südpol liegt an Land und schiebt sich langsam ins Meer hinaus. Davor schwimmt oft dünneres Meereis. Da das Wasser immer wärmer wird, schmilzt das Meereis. Das Landeis kann deshalb schneller ins Meer rutschen, wo es zerbricht und ebenfalls schmilzt.
Forscher denken darüber nach, wie man diesen Vorgang bremsen könnte. Es gibt ganz verschiedene Ideen, zum Beispiel eine riesige Mauer zu bauen, die warme Meeresströmungen vom Eis weglenken soll.

Eisbären warten auf den Eisschollen des Nordpols darauf, dass ihre Beutetiere, die Robben, auftauchen. Da die Eisschollen schmelzen, finden sie nicht mehr genug Platz zum Jagen und kommen öfter in die Nähe von Siedlungen.

ARKTIS

Für die Pinguine am Südpol gibt es immer weniger Nahrung, da die Fische, die sie fressen, sich nicht gut an die steigenden Meerestemperaturen anpassen können.

ANTARKTIS

DIE DAUERHAFT GEFRORENEN PERMAFROSTBÖDEN BEGINNEN ZU TAUEN. Auf der Nordhalbkugel der Erde nehmen die Permafrostböden ungefähr ein Viertel der Fläche ein.

KOHLENSTOFFDIOXID

Bis vor einigen Jahrzehnten blieben die tieferen Schichten der Permafrostböden eiskalt, sogar im Sommer. Durch die Erderwärmung tauen die Böden stärker als bisher.

Die Böden werden weicher: Häuser stehen nicht mehr auf festem Grund und drohen einzusinken. Ganze Dörfer mussten bereits umgesiedelt werden.

Es wird also noch wärmer, mehr Boden taut auf, mehr Pflanzen und Tiere geben beim Verrotten Treibhausgase frei. Und so geht dieser Teufelskreis immer weiter.

METHAN

TEILE VON PFLANZEN UND TIEREN

Die auftauenden Permafrostböden verstärken den Klimawandel. Denn in ihnen sind viele Pflanzen und Tiere eingefroren. Tauen sie auf, beginnen sie zu verrotten und setzen Kohlenstoffdioxid und Methan frei.

AUF DER GANZEN WELT STEIGT DER MEERESSPIEGEL. Das Wasser steht heute etwa 20 cm höher als vor 150 Jahren. Denn durch das schmelzende Landeis gibt es immer mehr Wasser im Meer. Außerdem erwärmen sich die Ozeane. Und warmes Wasser dehnt sich aus!
Viele Küstenregionen haben immer häufiger mit Fluten und Überschwemmungen zu kämpfen.

Einige kleine Wattenmeerinseln in der Nordsee sind so flach, dass sie regelmäßig überflutet werden. Dann schauen nur noch die Häuser aus dem Wasser, da sie auf kleinen Hügeln gebaut wurden. Früher war ungefähr 10- bis 20-mal im Jahr »Land unter«, heute ist es schon bis zu 50-mal.

In Deutschland schützen Deiche und Dünen vor Sturmfluten. Deiche und Straßen, die unterhalb des Meeresspiegels liegen, müssen vorsorglich erhöht werden. Sand, der im Winter an den Küsten verloren geht, wird wieder aufgeschüttet. Für einige Länder ist Küstenschutz aber zu teuer. Deshalb drohen viele Inseln der Welt, im Meer zu versinken.

Tolle Aussicht!

Bei Sturmflut steigt das Wasser fast bis hierher.

IN DER NATUR IST ALLES AUFEINANDER ABGESTIMMT. Die Tiere und Pflanzen, die einen Lebensraum teilen, sind voneinander abhängig. Wenn sich etwas verändert, bringt das alles aus dem Gleichgewicht.

Clownfische verstecken sich in den Tentakeln der Seeanemonen vor Feinden. Sterben die Korallen, verlieren sie ihren Lebensraum.

Wird es Korallen zu warm, produzieren sie Schwefelpartikel. Sie steigen vom Wasser in die Atmosphäre auf und helfen, Wolken zu bilden, die Schatten spenden können. Zur Abkühlung der Meere genügt das aber nicht.

Das Meer nimmt zusätzliches Kohlenstoffdioxid auf, das die Menschen verursachen. Außerdem hat sich die Meeresoberfläche in den letzten 150 Jahren um 1 Grad erwärmt.

Haie haben in warmem Wasser mehr Hunger als in kühlem. Das viele Kohlenstoffdioxid im Meer stört aber ihren Geruchssinn und sie erjagen weniger Beute.

Beutetiere wie Schildkröten vermehren sich. Sie grasen Seegrasfelder ab. Diese sind aber wichtig für den Abbau von Kohlenstoffdioxid.

Korallenriffe erhalten ihre Nährstoffe und die leuchtende Farbe durch Algen. Bei Wärme erzeugen die Algen ein Gift. Die Korallen stoßen sie ab, bleichen aus und verhungern.

DIE MENSCHEN ZERSTÖREN AUF DER GANZEN WELT RIESIGE WALDFLÄCHEN. Es gibt heute zum Beispiel nur noch halb so viel Regenwald wie vor 50 Jahren. Wälder sind aber wichtige Lebensräume für Tausende Pflanzen und Tiere. Und sie filtern Kohlenstoffdioxid aus der Luft.

Die Regenwälder werden abgeholzt, um an fossile Rohstoffe zu gelangen und um andere Pflanzen anzubauen. Diese werden zu Tierfutter, Biotreibstoffen oder Öl gemacht. Oft werden die Bäume verbrannt. Dabei entsteht zusätzlich Kohlenstoffdioxid.

LEGT DIE MEISE IHRE EIER ZU FRÜH, DA ES BEREITS WARM IST, GIBT ES NACH DEM SCHLÜPFEN NOCH NICHT GENUG RAUPEN, UM IHRE JUNGEN SATT ZU BEKOMMEN.

Lass uns einen Wald aus unserem Vorgarten machen!

Dann bauen wir ein Baumhaus direkt vor's Zimmerfenster.

Auch in Mitteleuropa leiden die Wälder. In heißen, trockenen Sommern, die immer häufiger vorkommen, wachsen die Bäume langsamer. Irgendwann bilden sie keine Knospen und Früchte mehr. Junge Bäume können absterben, da ihre Wurzeln nicht weit genug in den Boden reichen, um Wasser aus tieferen Schichten zu ziehen. In anderen Jahren regnet es zu viel. Das ist auch nicht gut, da die Wurzeln der Bäume schimmeln können.

IN EINIGEN TEILEN DER WELT WIRD ES ZU TROCKEN, IN ANDEREN ZU NASS.

Wüsten breiten sich durch die Erderwärmung weiter aus. Dort können viele Kleinbauern, die sich mit ihren Ernten selbst versorgen, nichts mehr anbauen.

Um die Felder zu bewässern, wird Wasser aus Flüssen abgeleitet. Dadurch trocknen auch die Flüsse aus.

Wenn es ganz selten zu Regenfällen kommt, nimmt der verdorrte Boden das Wasser nicht auf. Stattdessen wird die oberste, fruchtbare Erdschicht weggespült.

Die Bewohner der Trockenzonen können versuchen, die Wüstenbildung aufzuhalten, zum Beispiel, indem sie darauf achten, Pflanzen anzubauen, die dem Boden nicht noch mehr Wasser entziehen. Aber gegen den Klimawandel sind sie machtlos.

In anderen Ländern regnet es so stark oder der Meeresspiegel ist schon so hoch, dass die Felder ständig unter Wasser stehen. Manchmal finden sich kreative Lösungen: Zum Beispiel wird mit Reissorten experimentiert, die auch auf mit Salzwasser überschwemmten Feldern gut angebaut werden können. Oder die Bauern schaffen Beete, die schwimmen können.

MENSCHEN AUS ARMEN LÄNDERN LEIDEN AM MEISTEN UNTER DER ERDERWÄRMUNG. Denn sie bekommen oft keine Hilfe vom Staat, um mit den Folgen des Klimawandels wie Ernteausfällen oder zerstörerischen Unwettern umzugehen. Besonders ungerecht daran ist, dass vor allem die reichen Länder für den Klimawandel verantwortlich sind.

Viele Menschen müssen ihr Zuhause verlassen, da sie dort nicht mehr überleben können. Einige von ihnen kommen nach Europa, aber die meisten gehen nicht weit fort. Denn für eine lange Reise haben sie kein Geld.
Wie viele Menschen aufgrund des Klimawandels gezwungen sind, aus ihrer Heimat wegzuziehen, lässt sich nur schwer beurteilen. Denn auch andere Gründe wie Kriege bringen Menschen dazu, sich auf die Flucht zu begeben.

HIER VERÄNDERT SICH DAS LEBEN DURCH
DEN KLIMAWANDEL BESONDERS STARK:

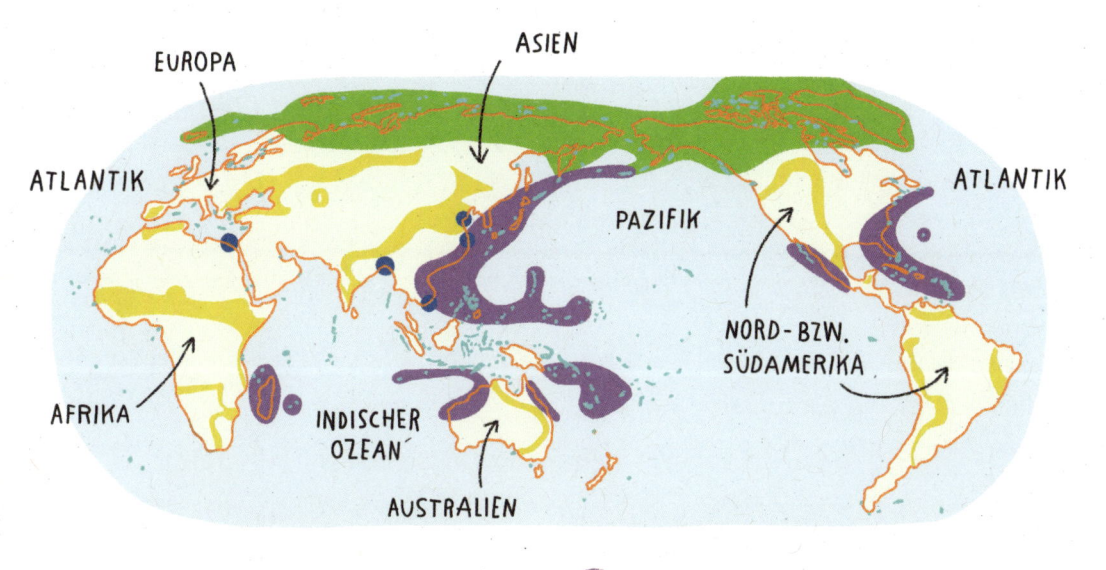

- GEFÄHRDETE KÜSTENREGION
- GROSSE FLUSSDELTAS
- GEFAHR DER EIS- UND PERMAFROSTSCHMELZE
- GEFAHR DURCH HURRIKANS
- KLEINE INSELN
- GEFAHR DER WÜSTENBILDUNG UND DÜRRE

POLITIKER ÜBERLEGEN SICH LÖSUNGEN ZUM SCHUTZ DES KLIMAS. Sie werden von den Erwachsenen gewählt, können Dinge im Großen verändern und unsere Lebensweise beeinflussen. Sie können nämlich Gesetze erlassen, die etwas verbieten. Zum Beispiel, dass Strohhalme aus Plastik hergestellt werden oder dass man Plastiktüten im Geschäft gratis bekommt. Anderes können sie fördern, etwa indem neue Radwege gebaut werden.

Wenn wir nichts tun, kommen große Probleme auf uns zu!

Aber die Wirtschaft darf nicht beeinträchtigt werden!

Unser Land ist arm, Klimaschutz ist zu teuer!

FÜR UNSERE ZUKUNFT!

Der Klimawandel passiert auf der ganzen Erde. Deswegen treffen sich Politiker aus allen Ländern einmal im Jahr, um gemeinsame Pläne für den Klimaschutz zu machen. Aber jedes Land hat andere Probleme und Wünsche, deshalb fällt es ihnen oft schwer, sich zu einigen.

In einem Klimaabkommen haben die Vertreter von 196 Ländern vereinbart, dass die Erwärmung der Erde stark begrenzt werden soll. Wie genau das erreicht wird, darf aber jedes Land für sich festlegen: zum Beispiel, wie viele Treibhausgase bis wann eingespart werden und wie man das schaffen kann.

PARISER ABKOMMEN

1. TEMPERATURANSTIEG: NICHT MEHR ALS 1,5 GRAD.
2. AB 2050 NICHT MEHR TREIBHAUSGASE AUSSTOßEN, ALS PFLANZEN ABBAUEN KÖNNEN.
3. INDUSTRIELÄNDER SOLLEN ÄRMERE LÄNDER BEIM HANDELN GEGEN DEN KLIMAWANDEL UNTERSTÜTZEN.
4. JEDES LAND MUSS BERICHTEN, WIE VIELE TREIBHAUSGASE ES AUSSTÖßT UND WIE SIE WEITER REDUZIERT WERDEN SOLLEN.

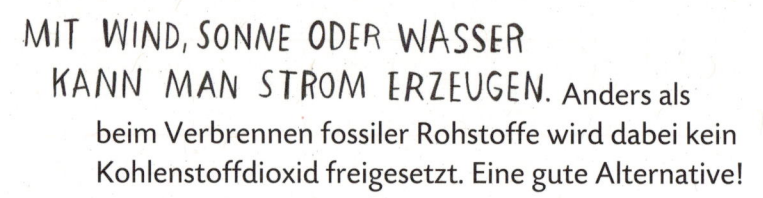

MIT WIND, SONNE ODER WASSER KANN MAN STROM ERZEUGEN. Anders als beim Verbrennen fossiler Rohstoffe wird dabei kein Kohlenstoffdioxid freigesetzt. Eine gute Alternative!

Windräder treiben Generatoren an, die Strom erzeugen.

Hoffentlich tun sich die Vögel nicht weh!

Sonne und Wind gibt es auf der Erde sowieso, egal, ob wir sie zur Energiegewinnung nutzen. Sie werden nicht wie Kohle, Erdöl oder Erdgas weniger und weniger, bis sie irgendwann aufgebraucht sind. Deshalb nennt man sie erneuerbare Energien.

Atomkraft soll ja klimafreundlicher sein!

Deutsche Atomkraftwerke werden nach und nach abgeschaltet.

Aber auch gefährlich!

Da haben sehr viele Menschen gearbeitet

Schon heute wird in Deutschland keine Steinkohle mehr abgebaut. Bis 2038 sollen alle Kohlekraftwerke geschlossen werden.

GESCHLOSSEN

Könnten die nicht lernen, wie man Windräder baut?

FAHRZEUGE MÜSSEN KLIMAFREUNDLICHER WERDEN. Autos, die mit Diesel betankt werden, verursachen besonders schädliche Abgase. In einigen Städten gibt es deshalb Fahrverbote. Das ist aber nur eine Notfallmaßnahme. Damit die Luft dauerhaft sauberer wird, sollen mehr Menschen mit Straßenbahnen und Bussen fahren.

Weniger Geld für die Öffis? Das probiere ich aus!

AB JETZT ZUM HALBEN PREIS

Nicht überall kann man mit Bus, Bahn oder dem Rad hinfahren. Deshalb brauchen wir andere Treibstoffe. Anstatt aus Erdöl kann man sie aus Pflanzen herstellen. Dafür müssen aber massenhaft Raps, Mais oder Weizen angebaut werden – auf riesigen Flächen, auf denen sonst viele Tier- und Pflanzenarten leben könnten.

Manche Autos brauchen gar keinen Treibstoff. Sie fahren mit einer Batterie. Damit man Kohlenstoffdioxid einspart, muss der Strom, mit dem die Batterie aufgeladen wird, aus erneuerbaren Energien stammen.
Andere Autos verwandeln Wasserstoff in Strom. Zurzeit wird Wasserstoff allerdings noch aus Erdgas hergestellt.

VERÄNDERUNGEN KOSTEN GELD. Um zum Beispiel Abgase aus Fabriken besser zu filtern, muss man neue Filter kaufen. Deswegen sind viele Firmen nicht freiwillig bereit dazu. Sie möchten möglichst günstig ihre Produkte herstellen, um sie ihren Kunden zu einem geringen Preis anbieten zu können.

SO FUNKTIONIERT DER EMISSIONSHANDEL:

Seit einiger Zeit brauchen Unternehmen für jede Tonne Kohlenstoffdioxid, die sie ausstoßen wollen, ein Zertifikat.

Dann kann ja einfach das andere Unternehmen die Luft verpesten!

DER STAAT

Verursachen sie weniger, dürfen sie die restlichen Zertifikate an die Börse oder an andere Unternehmen verkaufen. So können sie Geld verdienen, indem sie weniger Kohlenstoffdioxid verursachen.

Firmen zahlen Geld an den Staat, sogenannte Steuern. Die kann der Staat dann etwa für den Bau neuer Fahrradwege ausgeben. Außerdem zahlen die Firmen Lohn an ihre Angestellten. Arbeitsplätze und Steuern sind wichtig, deswegen nehmen die Politiker auf die Firmen Rücksicht. Zum Beispiel, indem sie Unternehmen fördern, die ihre Technik modernisieren möchten.

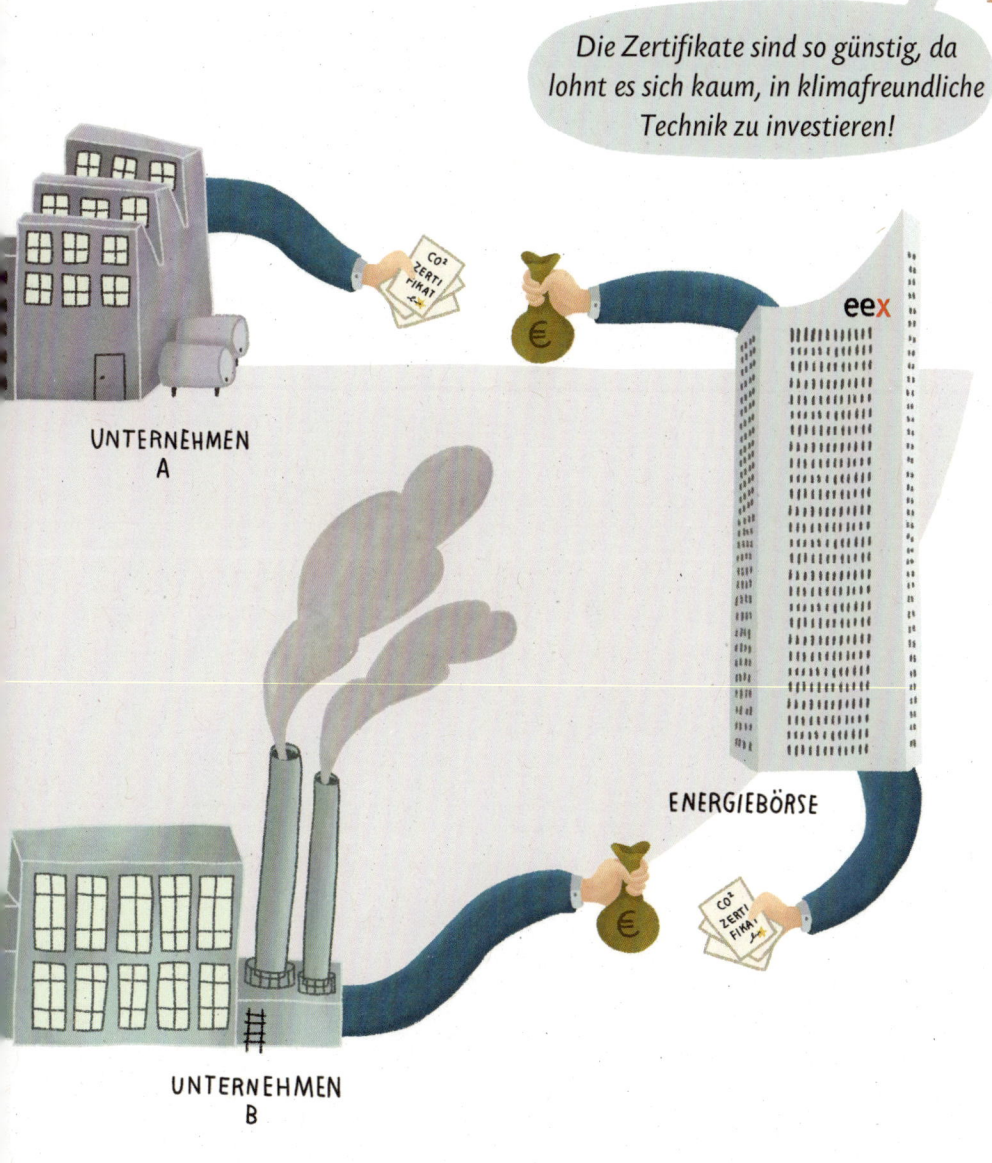

Die Zertifikate sind so günstig, da lohnt es sich kaum, in klimafreundliche Technik zu investieren!

UNTERNEHMEN A

ENERGIEBÖRSE

UNTERNEHMEN B

KINDER UND JUGENDLICHE SIND MIT DER ARBEIT DER POLITIKER NICHT IMMER ZUFRIEDEN. Sie finden, dass die Politiker mehr tun müssen, damit der Ausstoß von Treibhausgasen eingestellt wird. Denn sie müssen später mit den Folgen des Klimawandels leben, den die Erwachsenen jetzt verursachen. Um ihre Meinung zu zeigen, gehen viele demonstrieren.

Wie stark sich die Erde noch erwärmen wird, hängt davon ab, wie schnell es uns gelingt, weniger Treibhausgase freizusetzen. Wir sehen schon heute, wie gewaltig sich auch nur ein einziges Grad auf die Natur auswirkt. Was werden die nächsten 150 Jahre bringen? Ob 1, 2 oder 5 Grad, macht einen riesigen Unterschied, weil bestimmte Veränderungen sich selbst immer weiter beschleunigen. Wie zum Beispiel das Auftauen der Permafrostböden oder der Gletscher.

Wissenschaftler versuchen, neue Lösungen zu finden, um den Klimawandel zu verlangsamen.

Einige denken darüber nach, Kohlenstoffdioxid aus der Atmosphäre zu holen und in Kohle zu verwandeln.

Andere können sich vorstellen, mit Flugzeugen Aerosole in die Atmosphäre zu bringen, die die wärmenden Sonnenstrahlen abprallen lassen. Wie bei einem großen Vulkanausbruch.

Doch es ist nicht klar, ob diese Methoden tatsächlich funktionieren können. Klar ist nur, dass die Menschen aufhören müssen, Treibhausgase in die Luft zu pusten.

FAST ALLES, WAS MAN TUT, WIRKT SICH EIN BISSCHEN AUF DAS KLIMA AUS. Das ist gleichzeitig eine gute und eine schlechte Nachricht. Denn es bedeutet, dass jeder Einzelne von uns zur Erderwärmung beiträgt. Aber es bedeutet auch, dass jeder von uns dazu beitragen kann, die Erderwärmung zu begrenzen.

Den Einfluss, den jeder auf das Klima hat, kann man als ökologischen Fußabdruck verstehen. Also den Abdruck, den unser Leben auf der Erde hinterlässt. Der ökologische Fußabdruck misst, wie groß die Land- und Wasserfläche der Erde sein muss, um all das zu produzieren, was wir im Alltag verbrauchen. Und wie groß die Fläche der Erde sein muss, um all den Müll aufzunehmen, den wir verursachen.

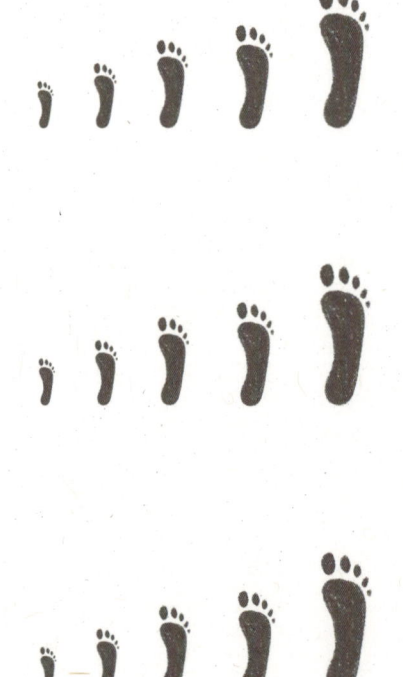

Würden alle so leben wie die Menschen in Mitteleuropa, bräuchte man mehrere Planeten. Denn regelmäßig zu fliegen, Lebensmittel in Supermärkten zu kaufen, oft neue Kleidung zu tragen oder täglich Fleisch zu essen, verbraucht mehr, als die Erde geben kann.

MENSCHEN UND TIERE SETZEN KOHLENSTOFFDIOXID FREI, PFLANZEN BAUEN ES WIEDER AB. Doch es gibt immer mehr Menschen und immer weniger Wälder auf der Welt. Dadurch ist dieser Kreislauf aus dem Gleichgewicht geraten. Manche Dinge haben auf den Kohlenstoffkreislauf und das Klima einen größeren Einfluss als andere. Ein Baum braucht seine gesamte Lebenszeit, um etwa 500 kg Kohlenstoffdioxid aufzunehmen. Wir brauchen aber gar nicht lange, um diese Menge zu verursachen!
Um das zu veranschaulichen, kann man ausrechnen, wie viele Bäume man pro Person benötigen würde, um eine bestimmte Menge Kohlenstoffdioxid abzubauen:

FLUG VON FRANKFURT NACH NEW YORK

FLUG VON BERLIN NACH PARIS

1 JAHR STROMVERBRAUCH

1 JAHR LANG AUTO FAHREN

1 WOCHE KREUZFAHRT

1 JAHR LANG TIERISCHE UND PFLANZLICHE LEBENSMITTEL ESSEN

Aber wollten wir nicht Oma in New York besuchen?

Wer möchte, kann verschiedene Organisationen damit beauftragen, Bäume zu pflanzen. Das soll helfen, das Gleichgewicht im Kohlenstoffkreislauf wiederherzustellen.

SO KÖNNTEN WIR IN ZUKUNFT LEBEN,

um Treibhausgase zu sparen und das Klima zu schonen:

Rad- und Gehwege sind gut ausgebaut. So fährt es sich sicher und entspannt!

Die Dächer sind begrünt, auf allen freien Flächen wachsen Obst und Gemüse.

Insekten wie Bienen finden einen Lebensraum und ausreichend Nahrung.

Die Häuser sind so gut gedämmt, dass man fast nicht mehr heizen muss. Sie versorgen sich selbst mit Energie und produzieren mehr Strom, als sie brauchen. Den Rest kann man zum Beispiel für Elektroautos nutzen.

Die Leute kaufen nur das, was sie wirklich brauchen.

Sie bringen eigene Gefäße mit, um Verpackungsmüll zu sparen. Geschäfte und Betriebe bevorzugen Produkte und Materialien aus der Region.

Der Müll, der nicht vermeidbar ist, wird genutzt: Für neue Produkte, zur Energiegewinnung oder zum Düngen der vielen Pflanzen.

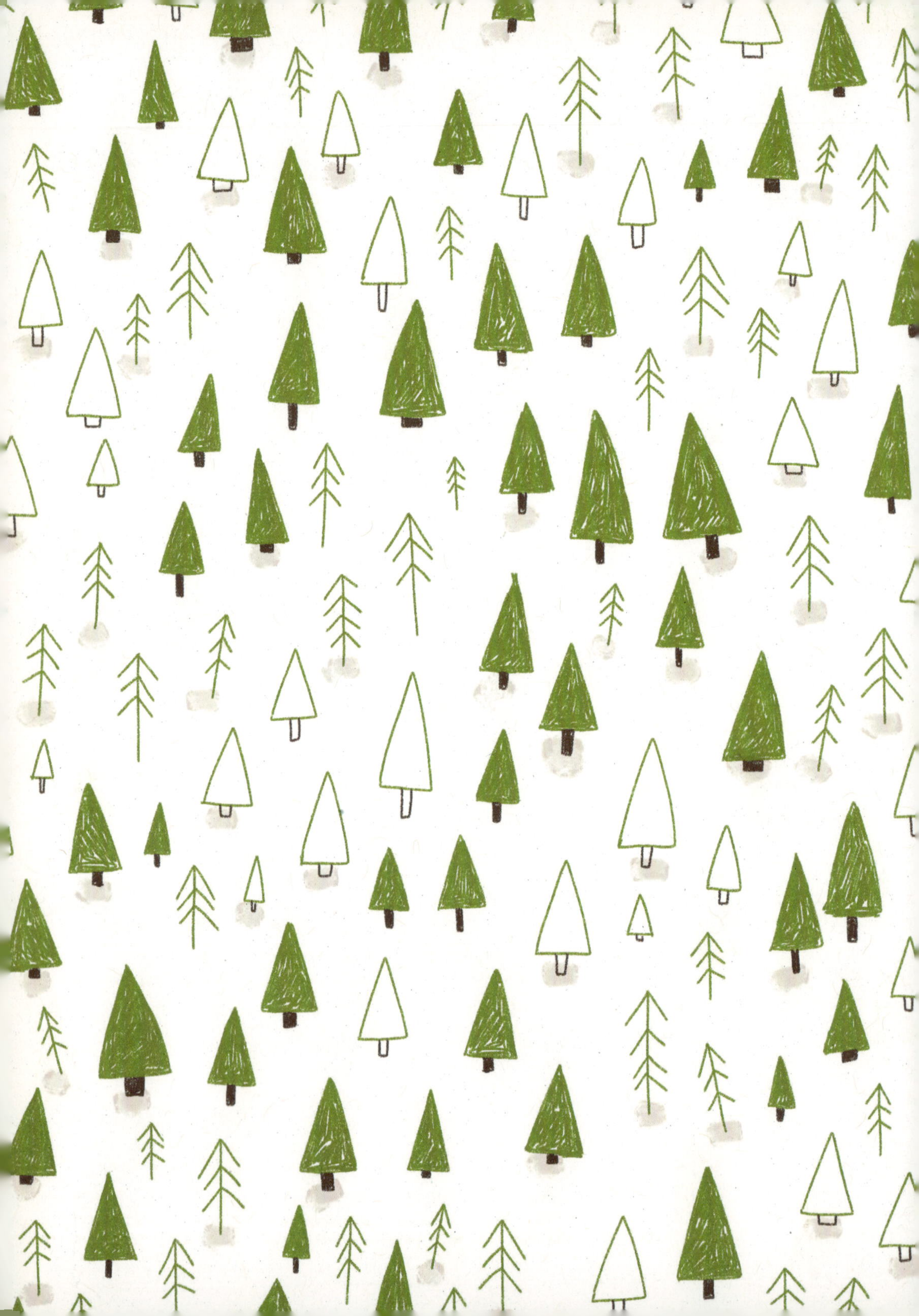